DES

RAPPORTS COMMERCIAUX

ENTRE

L'ITALIE ET LA FRANCE

PAR

ILDEPHONSE LESUEUR

PARIS

IMPRIMERIE P.-A. BOURDIER ET Cie
RUE MAZARINE, 30

1864

Ne se vend pas.

RAPPORTS COMMERCIAUX

ENTRE

L'ITALIE ET LA FRANCE

PAR

ILDEPHONSE LESUEUR

PARIS

IMPRIMERIE P.-A. BOURDIER ET Cie

RUE MAZARINE, 30

—

1864

Ne se vend pas.

Paris. — Imp. de P.-A. BOURDIER et C°, rue Mazarine, 30.

Au glorieux vainqueur

DE

SAN - MARTINO

AU

LIBÉRATEUR DE L'ITALIE

VICTOR - EMMANUEL Ier

Hommage du plus profond respect.

AVANT-PROPOS

Les modifications douanières, apportées depuis quelques années dans le royaume d'Italie, ont changé la face de son commerce et imprimé à son industrie une activité et une vie nouvelles. L'abolition des douanes intérieures, remplacées par une seule ligne le long des frontières, a eu le double avantage de simplifier l'administration en épargnant au commerce des entraves onéreuses. Victor-Emmanuel, à qui l'Italie est redevable de si heureuses réformes, et qui, on peut le dire, a régénéré cette contrée en favorisant l'essor de son génie, en protégeant les sciences, les arts et l'industrie, vient encore, par un nouveau traité de commerce avec la France, de faciliter le développement de sa richesse en unissant les intérêts de deux peuples, liés entre eux par une commune sympathie et de continuels rapports.

Au moment où ce traité vient d'être conclu, nous avons pensé qu'il serait peut-être intéressant d'énumérer succinctement les branches principales de l'industrie italienne, ses exportations, et les différents produits français qui y sont importés. — En faisant précéder cette notice d'un coup d'œil rétrospectif sur l'histoire du commerce de l'Italie, nous avons cru que c'était rendre un juste témoignage de reconnaissance, que de signaler à un peuple généreux, illustré par tous les genres de gloire, ce qu'il a fait dans le passé pour la prospérité de la France, et de faire connaître dans le présent les avantages que nous offre son alliance, si intimement liée aux intérêts de notre propre grandeur.

DES

RAPPORTS COMMERCIAUX

ENTRE L'ITALIE ET LA FRANCE

NOTICE HISTORIQUE

I

La fertilité du sol de l'Italie, la douceur de son climat, favorable aux productions les plus diverses, sa position géographique si avantageuse pour les relations extérieures, ont, dans tous les temps, fourni à ses peuples les éléments qui peuvent faire naître et développer le commerce et l'industrie.

« Dans ce beau pays, dit Pecchio, l'homme ne fut « jamais moins productif que le sol; » et l'histoire vient confirmer les paroles de ce grand économiste.

Nous n'avons pas à retracer ici les phases glorieuses que l'Italie présente dans sa vie politique, littéraire ou artistique; nous devons modestement nous borner à constater l'état de son industrie, et montrer que si elle a été la patrie des lettres et des arts, elle a été aussi le berceau de l'industrie moderne, de cette industrie dont la première impulsion donnée par elle en France, est aujourd'hui un de nos titres les plus glorieux.

Rome conquérante et militaire n'était pas commerciale, mais elle était essentiellement agricole, et, la première, elle a élevé l'agriculture au premier rang des occupations des hommes libres. Les noms les plus célèbres qu'elle a légués à la postérité, Cincinnatus, Caton, étaient agriculteurs; c'est elle qui nous a donné, avec ce dernier, le premier traité d'agronomie rurale de l'antiquité, et quand la France du dix-neuvième siècle publiait la *Maison rustique*, elle ne faisait, en définitive, que reproduire le traité : *De re rustica*. Les *Géorgiques* ne sont que l'inventaire des richesses productives de l'Italie, de cette belle contrée qui a justement mérité de Virgile le surnom de *Magna parens frugum*.

L'envahissement des Barbares n'a pas tari les sources de cette fécondité; car, en touchant le sol de l'Italie, les Barbares se transformaient instinctivement par la puissance de la civilisation. Ils ont respecté tous les travaux que les Romains avaient surtout entrepris dans la haute Italie pour féconder le sol et porter la vie sur toutes les parties du territoire. — Par un de ces jeux du sort qui déplacent la fortune des nations, elle allait devenir dans le moyen âge l'héritière de cette Carthage qu'elle avait détruite dans l'antiquité. — C'est à Venise, qui devait mériter plus tard le titre de *Reine des mers*, que le commerce italien prit naissance. Sa position facilita beaucoup son développement. C'était une république sans territoire, dont les citoyens, uniquement occupés de la pêche, avaient trouvé dans des lagunes un asile inviolable contre les hordes d'Attila. Placés au milieu de la mer, c'est au commerce seul que les Vénitiens pouvaient demander, non pas seulement la fortune, mais la vie. Aussi leur législation fut-elle toujours dirigée en vue d'accroître les libertés commerciales, et leur politique extérieure en vue d'obtenir des franchises financières. — A l'origine, les Vénitiens, manquant de matières plus précieuses, vendirent du sel, puis ils exportèrent les céréales du nord de l'Italie, se contentant ainsi d'un simple commerce de courtage. Bientôt leurs relations s'étendirent jusqu'à la Turquie, les bords de la mer Noire et la Perse, où ils allaient chercher des produits agricoles et des denrées diverses. — Du temps de Charlemagne, ils étonnaient déjà les acheteurs, à la foire de Pavie, par la rareté et la magnificence de leurs produits, par les étoffes de soie, les tissus d'or et d'argent, les perles et les pierreries. Les républiques de Venise et d'Amalfi jouirent seules jusqu'au dixième siècle d'institutions libres et protectrices du négoce et de l'industrie.

Il y a dans la destinée de ces deux villes un fait particulier qu'il importe de mettre en lumière, et ce fait, c'est qu'elles ont été le centre presque exclusif du commerce de transit de l'Orient. — Quand la France, l'Allemagne et l'Angleterre se portaient vers la Terre sainte dans des vues uniquement religieuses et pour accomplir un pèlerinage armé, l'Italie, occupée d'intérêts positifs, cherchait à prendre toutes les grandes positions commerciales et se rattachait par ses escales aux contrées les plus reculées de l'Orient asiatique. Les bonnes relations que Venise s'était ménagées avec la Grèce lui permettaient d'importer les produits des manufactures de Constantinople et de la Morée, et aussi les marchandises des Indes. — Les étoffes et les tapis de l'Asie, les parfums et les épiceries de l'Inde étaient ensuite échangés par les Italiens contre des cuirs, des laines, des blés et d'autres produits bruts. Les arts mécaniques ne furent pas non plus négligés chez eux; ils établirent les premiers une fonderie de cloches. — Mais Venise ne tarda pas à trouver de puissantes rivales dans Gênes, Florence et Messine, qui prenaient chaque jour une extension nouvelle. Depuis le douzième siècle, l'émancipation des cités italiennes avait permis à l'industrie de faire de rapides progrès, et cette industrie avec celle des Flandres était alors sans rivale en Europe. Les tendances de toutes les municipalités avaient été de remplacer l'élément féodal par une bourgeoisie commerçante. Déjà, en 1282, cette influence agit si puissamment, que les citoyens de la république de Florence avaient une magistrature uniquement composée de marchands, sous le titre de *Prieurs des arts*.

Cette dernière ville était alors dans l'état le plus florissant; le commerce des draps constituait une des branches les plus étendues de son industrie. C'était la *Calimala*, qui occupait un des premiers rangs parmi les sept *arts majeurs*. Les laines de Toscane devinrent insuffisantes pour approvisionner les fabriques. Les Florentins furent obligés de les tirer de la France, qui n'était qu'agricole et pastorale. de l'Angleterre, du Brabant, du Portugal et des Baléares. Les draps achetés à l'étranger étaient soumis chez eux à un minutieux travail de perfectionnement, et vendus ensuite sur tous les marchés de l'Europe occidentale et du Levant. Cette industrie atteignit son plus haut point de perfection vers 1239; en 1338, l'*art de la laine* possédait à Florence deux cents établissements qui exportaient chaque année de soixante à quatre-vingt mille pièces de draps, ce qui constituait une valeur de près d'un million deux cent mille florins d'or et occupait trente mille personnes. L'*art de la soie* fut, après celui de la *Calimala*, l'un des plus importants et l'un de ceux qui se maintinrent le plus longtemps, car il était florissant au quinzième siècle, et l'on estimait encore à cette époque les brocarts d'or et d'argent qui sortaient des fabriques florentines. Il fut constitué au treizième siècle, et soutint la concurrence de Lucques et de Venise pour la fabrication des étoffes imitées des Perses. — Une industrie dont on attribue la première application aux Florentins, et qui, chez eux, prit aussi des proportions considérables, est celle du change. Cette invention ingénieuse, qui permet de transporter, par quelques lignes d'écriture, des sommes importantes à de grandes distances, sans mouvement de fonds, au moyen de correspondants ou de maisons affidées, facilita puissamment leurs relations commerciales extérieures, et se développa si rapidement, qu'ils devinrent les banquiers des gouvernements et des souverains. Dans tout centre un peu industrieux ou commerçant étaient établis des comptoirs où les Florentins avaient leurs représentants; en Italie, en Espagne, en Portugal, dans la plupart des provinces de France et particulièrement en Champagne, à Paris et à Lyon. — L'Italie était arrivée alors au plus haut degré de sa prospérité commerciale, et le quatorzième siècle en marque l'apogée. — Toutes ses républiques avaient lutté contre l'aristocratie, et, malgré une infinité de nuances qu'on remarque dans leurs constitutions, partout on reconnaît la prépondérance démocratique et industrielle accordée aux bourgeois commerçants. Les marchands sont anoblis par l'exercice même de leur profession, et, contrairement à ce qui se passait en France où le commerce entraînait la dérogation à la noblesse, on crée à Florence une *noblesse de laine* et une *noblesse de soie*; ils se donnent eux-mêmes des lois qui, par une vigoureuse organisation, d'énormes priviléges, des impôts minimes, favorisent le commerce et l'industrie, et Gênes et Venise n'ont pas eu d'autre élément de splendeur que leur liberté. — Les Italiens étaient les maîtres de la meilleure partie du commerce européen. La Méditerranée était seule fréquentée par des vaisseaux de guerre ou marchands; l'Amérique n'était pas découverte, et la route des Indes par le cap de Bonne-Espérance n'avait pas encore été tentée. La navigation sur l'Océan était sans importance, l'échange des produits des nations de l'Occident se faisait presque toujours par terre. L'Italie était comme l'entrepôt du commerce de l'Occident avec l'Orient. Elle avait le monopole des deux plus riches commerces de cette époque : celui des Indes, qui se faisait, par l'entremise des Arabes ou des Arméniens, dans les ports de la Grèce, de la Syrie et de l'Égypte; et l'autre, celui du nord-est, dans les ports de la mer Noire et à l'embouchure des fleuves de la Russie. — De nombreuses colonies de marchands italiens s'étaient aussi établies à l'étranger. Sinope et Trébisonde étaient en plus grande partie possédées par eux. Ces deux villes devinrent des points très-importants : la première par ses communications avec les Turcs de l'Asie Mineure, la seconde avec les Arméniens. Caffa et Tana, composées presque uniquement d'Italiens, servaient d'entrepôts aux exportations de la Russie et aux marchandises que l'Italie livrait à la consommation des peuples du Nord et des Tartares. — Leurs produits étaient recherchés comme les plus parfaits, et l'on considérait partout leurs ouvriers comme les plus habiles. Ils étaient regardés comme les arbitres du goût; aucune nation n'avait des marchands aussi renommés pour les étoffes de laine et de soie, les armes, les ameublements et les modes.

Si le commerce fut chez eux honoré et prospère, faut-il s'en étonner? l'Italie n'était-elle pas la terre des arts? Aussi les sciences et les arts ont été de la part de ces gouvernements marchands l'objet d'une protection spéciale, et ils accordèrent des récompenses de tout genre aux savants et aux artistes. Ce fut à Venise, rapporte Berthollet, que parut, en 1429, le premier recueil traitant des procédés employés dans la teinture; leurs connaissances en chimie étaient alors plus avancées que dans les autres pays. — L'Italie se couvrait de splendides monuments décorés par d'illustres artistes; elle avait produit des peintres, des sculpteurs dont elle s'enorgueillit encore aujourd'hui, et donné le jour à Dante et à Pétrarque.

Pendant que le génie italien se développait sous le régime de la liberté, mille obstacles empêchaient son extension en France. Dès le treizième siècle, il se manifesta cependant un certain mouvement industriel, mais surtout commercial, qui était dû à nos relations avec l'Italie; Florence surtout devint l'objet de rapports fréquents et importants. — Nous avons vu le rôle considérable que jouait dans cette ville l'industrie des draps, la *Calimala*; le premier rang dans l'ordre chronologique des *arts* était accordé à *l'art de la marchandise des draps français*. Pendant les trois derniers siècles du moyen âge, ce commerce fut pour nous une de nos principales branches d'exportation et d'importation. Les Florentins achetaient des draps fabriqués dans les manufactures françaises, et, après les avoir perfectionnés, les renvoyaient sur nos marchés, et les expédiaient dans presque toute l'Europe et dans le Levant. Ces produits étaient tellement recherchés, qu'il y avait très-peu de draps de luxe qui n'eussent passé par leurs mains.

Les villes de France qui fabriquaient alors les draps les plus renommés étaient Paris, Saint-Denis, Rouen, Caen, Bourges, Troyes, Montvilliers, Provins et Lagny, Toulon, Marseille, Arles, Avignon, Nîmes, Montpellier, Narbonne, Béziers, Perpignan, Toulouse et Carcassonne. — Quelques établissements florentins furent fondés dans certaines de ces villes, notamment à Bourges. Les draps qui sortaient des fabriques de Florence étaient vendus très-avantageusement aux foires de Champagne et de Montpellier, à Paris et à Avignon. Le commerce des soies constituait aussi une branche importante de nos relations avec cette république. Florence faisait de nombreux achats de matières brutes à Nîmes et Montpellier. Elle nous rapportait de magnifiques étoffes de velours et de damas, des soieries très-recherchées qui trouvaient un placement facile sur les marchés de Lyon, de Montpellier et d'Avignon. — Elle nous fournissait encore des épiceries, des denrées orientales, que ses vaisseaux allaient chercher dans le Levant. En échange des produits que les Florentins importaient en France, ils recevaient des draps, des laines travaillées dont la plus grande partie était fournie par la Bourgogne et la Provence, et des toiles fabriquées en Bretagne. — Un fait qui prouve l'importance des relations commerciales que nous avons eues avec cette république, c'est la création de représentants revêtus d'un caractère public, envoyés par elle dans la plupart des villes où s'opéraient des transactions avec la France, et particulièrement en Champagne. La réunion des corporations ou l'*art* envoyait extraordinairement des ambassadeurs; mais, dans les temps ordinaires, ces représentants étaient des syndics qui prenaient le titre de *recteurs* ou de *capitaines*, et dont la mission avait pour but de défendre les intérêts de leurs nationaux, de les protéger et de faciliter les transactions. — Les marchands italiens furent favorisés d'un grand nombre de priviléges par la royauté. Une ordonnance du roi Philippe Auguste, datée de février 1277, place les commerçants de Florence sous la protection royale, et ce privilége fut continué par ses successeurs.

Au treizième siècle, de tous les marchés du royaume fréquentés par les Italiens, les foires de Champagne étaient les points les plus importants. — L'origine de ces foires remonte à une haute antiquité. Au moyen âge, elles avaient lieu six fois par année : deux à Troyes, deux à Provins, une à Lagny et une à Bar-sur-Aube.

Les comtes de Champagne, et plus tard les rois de France, protégèrent cette institution de tout leur pouvoir. — Les produits importés par les Italiens à ces marchés étaient, comme nous l'avons dit, des draps, des étoffes de soie, d'or et d'argent, des pelleteries, des marchandises du Levant, etc. Ils y achetaient des étoffes de laine fabriquées en Flandre ou en Champagne, des tapis de Reims, des toiles de cette dernière ville et de Bretagne, des cuirs et des produits locaux.

Les villes italiennes dont les rapports furent les plus

fréquents avec les foires champenoises, sont celles de Florence, Venise, Gênes, Lucques, Rome, Crémone, Milan, Plaisance, Sienne, Urbin, Pistoie et Asti.

A la fin du treizième siècle commença la décadence des foires de Champagne et de Brie; au quatorzième siècle, elles ne furent plus fréquentées par les marchands italiens, et perdirent toute importance. — Plusieurs causes amenèrent ce résultat. Des ordonnances royales de 1268 à 1326 interdirent aux Flamands de trafiquer dans ces foires, ce qui obligea les Génois d'entrer directement en relation avec eux; en 1351, Venise obtint des lettres du roi, qui accordaient à ses marchands la faculté de venir en France avec leurs marchandises, d'y séjourner, d'y passer librement sans être contraints de les porter aux marchés de Champagne et de Brie; enfin la royauté accorda des priviléges aux Italiens sur d'autres points du royaume; en 1369, par exemple, une ordonnance du souverain offrit de grands avantages aux marchands de Plaisance qui viendraient commercer à Harfleur.

Déjà aussi les foires de Lyon acquéraient une extension qui devenait chaque jour plus grande par l'émigration de marchands italiens, et tendaient de plus en plus à remplacer celles de Champagne. Les centres commerciaux se déplaçaient, mais les relations existaient toujours.

II

On fixe en général, et surtout en France, l'époque de la renaissance au seizième siècle; c'est une erreur contre laquelle il importe de protester, et c'est au règne de Louis XI qu'il faut placer le point de départ de ce grand mouvement littéraire et artistique. Ce prince, en effet, s'efforce en quelque sorte de dérober à l'Italie les secrets de sa grandeur dans l'industrie et dans les arts, et c'est par son peintre en titre d'office, par Fouquet, un des plus grands artistes de l'école française, que commence la réaction du progrès. C'est aussi par l'établissement de manufactures dont les procédés technologiques sont empruntés à l'Italie, que Louis XI tente de fonder une industrie nationale, et les expéditions de Charles VIII, de Louis XII, de François Ier, n'ont fait que développer en France l'initiation commencée par ce monarque.

La France avait tiré jusqu'alors des pays étrangers la plus grande partie de ses produits manufacturés ; elle vit à cette époque s'établir de nombreuses fabriques, qui s'efforcèrent de rivaliser avec celles dont elles avaient été longtemps les tributaires, et dont elles étaient les élèves. — Vers 1480, Louis XI fit venir d'Italie des ouvriers qui nous initièrent aux procédés employés à Venise, à Gênes, à Milan, à Pistoie, et l'on vit pour la première fois des étoffes de soie, de brocarts, de Damas, de gros de Naples, sortir d'ateliers français. — Lyon et Tours se livrèrent particulièrement à l'industrie des soies. Ces deux villes prirent promptement un accroissement considérable ; on commença vers le milieu du siècle à y cultiver le mûrier, et un édit de 1544 en ordonnait la plantation ; en 1546, Tours comptait dans son enceinte huit mille métiers.

Lyon était devenu une place de grand commerce, un entrepôt international. Les foires trimestrielles que Louis XI y avait fondées, en faisaient le centre des relations commerciales avec l'Italie. De nombreuses maisons de change s'y établirent ; en 1543, François Ier y fonda une banque ; ses imprimeries étaient alors célèbres dans toute l'Europe ; ses manufactures de soie, de brocarts d'or et d'argent, occupaient un nombre considérable d'ouvriers et acquirent une supériorité marquée sur celles de Tours. Cette supériorité était due à l'aide des réfugiés italiens, que la chute de Florence fit refluer de l'autre côté des Alpes. Ainsi Louis XI avait demandé à l'Italie le secret de ses belles industries, et l'Italie par ses proscrits les avait données à la France.

L'influence de l'Italie ne s'arrêta pas à l'industrie proprement dite. La richesse et la prospérité dont elle jouissait avait fait naître le luxe, et ses raffinements délicats développèrent le goût des beaux-arts. C'est à l'heureuse alliance entre l'art et l'industrie qu'elle devait la splendeur où cette dernière était parvenue. Les artistes ne dédaignèrent pas d'être des industriels, et les industriels étaient artistes. Léonard de Vinci, Giorgione, le Pérugin, Albertinelli, étaient à la fois peintres, sculpteurs, architectes. Raphaël concourait avec Michel-Ange pour des chandeliers d'église, et les magnifiques cartons recueillis en Angleterre, à Hampton-Court, avaient été dessinés par Raphaël pour servir de modèles à des tapisseries. Benvenuto Cellini était en même temps un grand sculpteur et un orfèvre ; il eut la gloire d'être l'un des artistes qui, venus en France sous le règne de François Ier, modifièrent par des innovations heureuses ce qu'il y avait de rude et de froid dans les traditions gothiques de notre art national. L'orfèvrerie surtout prit sous sa direction une extension nouvelle, et en s'alliant à l'art du lapidaire et du joaillier, produisit de véritables chefs-d'œuvre qui, réunis aujourd'hui dans

les salles du Louvre, excitent notre admiration et désespèrent
nos efforts. — La céramique, qui a été portée plus tard à
un si haut degré de perfection par Bernard de Palissy, fut
encore introduite chez nous par les Italiens. — C'est ainsi
que la France brisait définitivement avec les traditions du
moyen âge, et puisait les éléments d'une vie nouvelle à
cette source italienne, tellement féconde que l'oppres-
sion qu'elle subit dans les siècles suivants ne put la tarir.
— Au dix-septième siècle, elle donnait encore à l'Europe le premier élan vers l'étude des sciences économiques
et sociales; et, conservant toujours son beau privilége d'i-
nitiation, elle enseignait aux peuples les grandes lois qui
régissent le travail, après leur avoir prouvé que ce travail
est la base de la prospérité des nations.

Aujourd'hui l'Italie est entrée dans une voie nouvelle.
Partagée pendant de longs siècles entre la papauté et l'em-
pire, elle a vu son génie étouffé par les guerres étrangères.
— Cette unité et cette indépendance, qui ont été l'aspira-
tion de tous ses grands hommes, sont enfin réalisées, et aux
grands souvenirs du passé viennent s'ajouter les espérances
de l'avenir. La France l'avait prise longtemps pour le
champ de bataille de sa lutte contre l'Europe; elle avait
voulu, disons-le en oubliant notre orgueil national, la dis-
puter à ceux à qui de droit elle devait appartenir; elle a reconnu enfin qu'elle devait s'appartenir à elle-même, et
marcher dans sa force et dans sa liberté; elle a reconnu
que les vieilles relations des arts, des sciences et de l'industrie devaient se renouer pour ne plus se rompre avec
cette terre privilégiée du ciel; elle avait dit à l'Italie,
Unissons nos armes, elle lui dit aujourd'hui par le traité
de commerce : Unissons nos richesses, et fécondons par une

alliance cimentée de notre sang les forces productives des deux peuples. — Et en agissant ainsi, elle n'a fait qu'acquitter une dette de reconnaissance, en payant avec son épée toutes les avances généreuses que l'Italie avait faites à sa propre grandeur.

INDUSTRIE ET COMMERCE DE L'ITALIE

RICHESSES AGRICOLES

La Sicile, la Toscane, la province de Lucques, l'Ombrie, les Marches, les Romagnes, la Sardaigne, offrent une grande variété de produits utiles à toutes les nations commerçantes, tant pour l'agriculture que pour l'élève du bétail.

SICILE.

La Sicile est la plus considérable des îles de la Méditerranée, elle abonde en forêts peuplées de gibier. La fertilité de cette île est tellement grande qu'elle était appelée autrefois le grenier du peuple romain. On y récolte du froment, du seigle, de l'orge, du maïs, du chanvre, du lin, du safran, des pommes de terre, des vins excellents, de la manne, du sucre, des bananes, de l'aloès, du miel, des oranges, des citrons, etc.

PARTIE CONTINENTALE DES DEUX-SICILES.

Production et commerce du vin. — Dans presque toutes les campagnes de l'Italie méridionale, et particulièrement dans les campagnes de Naples, les vignes sont cultivées en hautains, et en s'élevant d'un arbre à l'autre, les enlace de ses pampres et forme d'immenses berceaux s'étendant à perte de vue. C'est sous cette voûte de verdure que les agriculteurs récoltent les légumes des différentes saisons, le maïs, la pomme de terre, le lin, quelquefois les céréales et les fourrages, sans éprouver aucun préjudice de l'ardeur du soleil.

La récolte se fait au mois d'août.

Plusieurs qualités de vins sont recueillies aux environs de Naples :

Le lacryma-christi est le plus renommé, il est récolté dans quelques clos situés au pied du Vésuve. Les vins de Pausilippe, d'Ischia, de Capri et de Galipoli sont d'une consommation générale.

A Marsala, on a introduit diverses améliorations dans la culture de la vigne; des plants ont été importés d'Espagne et même de Madère. Ce vin a un bouquet qui le distingue des autres qualités, il est très-recherché. Il s'expédie pour la France.

Ce qui vient d'être dit du vin de Marsala s'applique également à celui qui provient des établissements de Riposto, au pied du mont Etna, que baigne la mer Ionienne.

Syracuse est renommée par ses vins muscats d'un goût exquis, mais dont le prix élevé en fait un objet de luxe. Cette ville exporte aussi des vins secs de fort bonne qualité, qui vont à Malte, d'où ils s'expédient pour des contrées éloignées. Il y a également les vins de l'Etna, ceux de Vittoria consistant en vins muscats, toujours plus fins en vieillissant, et en vins rouges imitant parfaitement le vin de Porto.

La Sicile fait un grand commerce d'exportation avec les puissances étrangères, principalement avec l'Angleterre, la France, l'Autriche, les États-Unis d'Amérique, Hambourg, le Danemark, la Suède, la Russie, l'Espagne, la Grèce, la Turquie. L'exportation pour la France porte principalement sur les fruits frais et secs, les citrons et les vins.

MESSINE.

La position de Messine qui la rend le point de jonction naturel entre l'Europe, l'Asie et l'Afrique, ainsi que la beauté de sa rade, lui assurèrent toujours un rôle important dans les transactions commerciales de la Méditerranée. Cette ville offre au commerce, par l'étendue et la sûreté de son port, comme par la richesse de ses produits et l'importance de ses affaires, tous les avantages désirables.

Les principaux produits sont : l'huile, le sumac, la graine de lin, les citrons, les oranges, les amandes, les fruits en caisse, les pistaches, la réglisse, les noisettes, la manne, etc., qui donnent lieu à un grand mouvement d'exportation avec l'étranger, notamment avec la France.

TOSCANE.

La Toscane produit : du blé, du vin, de l'huile d'olive, du tabac, du liége et s'occupe aussi de l'élève du bétail.

Vins. — Dans les années les plus favorables, la Toscane produit 5 millions d'hectolitres de vin; mais la moyenne ordinaire est de 3 millions. Les localités où se récoltent les vins sont : Monte-Pulciano, Chiante, Sienne, et les environs de Florence, où l'on récolte les vins les plus estimés.

Vins de Modénais. — Le sol de cette province est propre à la culture de la vigne, le vin y est très-bon et très-connu dans le commerce. Il existe un vin blanc d'une qualité inférieure, mais employé à la fabrication de vinaigres qui ont une grande réputation. A côté de ces vins se trouve une boisson de la seconde cuvée, et qui est fort en usage dans les classes moyennes.

LIVOURNE.

Commerce de l'anis. — Cet article forme l'une des branches importantes du commerce d'exportation de Livourne, qui les reçoit directement de la Pouille, des Romagnes, principaux ports de production. La province de Faenza, dans les Romagnes, en fournit une assez grande quantité d'une qualité supérieure. Les principaux débouchés sont la France et le nord de l'Europe.

La Hollande demande beaucoup d'anis à Livourne.

Commerce des pinoli. — Les pinoli ou fruits du pin (pinus pinifera) forment en Toscane l'objet d'un commerce presque spécial à ce pays et à la province de Ravenne, où il est le plus étendu.

La forêt de Migliano auprès de Viaviggo, celle de Tambolo, située entre cette ville et Livourne, en produisent une grande quantité. La récolte a lieu en avril. Chaque pomme contient entre ses feuilles à peu près 3 onces d'un fruit semblable à une pistache blanche et sans saveur.

La production des environs de Ravenne dépasse annuellement 40,000 sacs. Les pinoli servent habituellement dans la pâtisserie.

Les meilleurs sont ceux de San-Bossoni.

Les moins bons, ceux de Marennes.

On peut en extraire une huile de table assez bonne, mais préférable à brûler, donnant une lumière semblable au gaz. L'écorce de ce fruit fournit un excellent combustible.

SARDAIGNE.

Les relations de la France avec la Sardaigne sont très-actives.

L'exportation pour la France porte sur les citrons de Port-Maurice, qui sont ceux qui résistent le mieux à de longs voyages; sur les bestiaux, les fèves, les légumes, oranges, fruits, orges et fromages.

Il existe une manufacture de tabac.

La culture de l'olivier, dans la partie nord de l'île, prend un grand développement.

Culture du coton. — La culture du coton, qui est aujourd'hui l'objet d'un rapport considérable, fut introduite en Italie sous le gouvernement impérial. Cette plante est principalement cultivée dans la province de Caltanisetta, arrondissement de Terranova, où la récolte a été la plus abondante, soit 14,000 balles de coton.

Vient immédiatement après Catania, où la récolte a été de 13,000 balles, puis successivement :

Trapani pour 7,500 balles, Girgenti 3,000, Cozenza 2,000, Catanzaro 1,500, Naples 750, Sassari 600, Messine 200, Cagliari 120, Caserta 20. Le produit total a été de 42,690 balles.

Exploitation des forêts. — La plus grande partie des bois propres aux constructions navales et employés ou expédiés par Livourne, sont indigènes de la Toscane et proviennent plus spécialement des environs d'Avezzo, de Florence et de Sienne. Ils se composent de chênes équarris, de diverses qualités, d'ormes et de pins tant domestiques que sauvages.

Les prix des bois ronds de Toscane sont de 75 fr. 60 c. le stère, ils varient pour les bois équarris de 109 fr. 20 à 176 fr. 40 le stère. On évalue la moyenne annuelle de la consommation, à Livourne, à 2,000 ou 2,500 stères, et l'exportation à 3,000 stères, dont les 2/3 pour l'Angleterre et le reste pour la Sardaigne et la France.

L'exploitation des bois de construction se continue dans les forêts qui avoisinent le port d'Oristagni à l'avantage de Toulon qui s'y approvisionne.

Aux environs de Ravenne, il se trouve une forêt de pins à exploiter.

On extrait par an, des forêts de la Toscane, 6 millions de livres d'écorces de chêne et de liége, valant 336,000 fr. Les deux tiers sont employés dans le pays, et principalement pour la tannerie, l'autre tiers est exporté dans la contrée dite rivière de Gênes et en Angleterre.

RICHESSES MINÉRALES

Le sol de l'Italie est couvert de mines. Elles existent principalement dans l'ancien duché de Toscane, qui, à en juger par les affleurements de son sol et de l'avis de tous les géologues qui s'en sont occupés, est très-riche en métaux, et dans la Sicile et la Lombardie. Les mines les plus considérables sont non loin du rivage, telles que celles de cuivre de Campiglia, de plomb argentifère de Rocca San-Sylvestre et de fer de Monte-Valerio en pleine activité. Les mines de fer et de cuivre de l'île d'Elbe. Les mines de cuivre de Monte-Cini qui donnent depuis plus de vingt ans des bénéfices que l'on compte par millions. Les mines de plomb argentifère de Bottino dans les Alpes-Pennines. Les mines d'antimoine de Pereta, près d'Orbetello sont très-productives. Les mines de Montioni, depuis le moyen âge, fournissent un alun qui rivalise avec celui de Tolfa. Neuf usines d'acide borique dans les districts de Pomarance, de Massa-Maritima, sont établies à Larderello, Castelnuovo, Monterotondo, Sarso, Sanfederigo, Lago, Lustignano et Serrazano; elles écoulent leurs produits en France, en Angleterre et en Allemagne. Des carrières d'albâtre dont les principales sont celles de Castellina Maritima, situées à 22 milles de Livourne, dans la commune de Rossignano; puis les exploitations de Volterra. C'est un article propre à

la Toscane, et pour lequel aucun pays ne lui fait concurrence. Les albâtres blancs bruts sont à peu près les seuls
qui s'exportent pour la France, Vienne, Naples et Londres.
Il en est de même pour ses carrières de marbre de Carrare
et de Massa (duché de Modène). Les mines de sel, de soufre,
de plomb, d'argent, de vitriol, de marbre, de porphyre,
de jaspe, d'agate et autres pierres précieuses de la Sicile.

SICILE.

Sels.—L'exploitation des salines de la Sicile constitue un
des revenus importants de ce pays, et leur produit forme,
dans les provinces où elles sont situées, une branche de commerce considérable avec l'étranger. Ces salines sont établies aux environs de Trapani et de Marsala, dans la partie
occidentale de l'île; et près d'Agosta, dans la partie orientale.

Les plus considérables sont celles de l'ouest.

Le nombre de salines, tant grandes que petites, de Trapani et de Marsala, s'élève à plus de 35. Chaque saline
occupe, y compris ses dépendances, une étendue de 4 à
20 salmes[1] selon son importance. Elle sont chacune des bassins qui en dépendent, et au moyen desquels on procède à
l'évaporation de l'eau de mer et à la cristallisation du sel.

Les salines appartenant au territoire de Trapani se trouvent sur le bord de la mer à la distance de 1 à 5 milles de
la ville, et celles du territoire de Marsala sont situées entre
ces deux villes, à peu près à 10 ou 15 milles de Trapani.

Celles qui dépendent du territoire d'Agosta sont au nom-

---

1. La salme, mesure agraire, = 1 hectare 747.

bre de six, savoir : La Saline grande ou della Citta, celle dite della Corte, celle dell' Isola, et trois autres dites le Salinelle.

La Saline grande est située à une centaine de pas d'Agosta ; celle della Corte est proche de la grande ; le Salinelle à un demi-mille, et la saline dite dell' Isola est située à côté de l'isthme qui unit l'île de Magnési à la terre ferme. L'exploitation des salines siciliennes présente beaucoup d'analogie avec celle des salines de France ou des autres pays.

C'est vers le milieu d'avril qu'on commence à mettre les divers bassins en état de recevoir l'eau de mer; on fait toutes les réparations nécessaires à cet effet. Le temps du séjour de l'eau dans chaque bassin dépend de l'état de l'atmosphère; si les pluies sont tardives, l'évaporation est plus lente, et l'eau doit séjourner plus longtemps. Ce n'est que vers la fin de juillet ou au commencement d'août, que l'on relève le sel, et qu'on en forme des tas qui restent jusqu'au moment de la vente. La qualité du sel n'est pas partout la même. Elle dépend de la nature des terrains sur lesquels sont établies les salines. Ainsi dans l'Occident, les salines du littoral de Marsala produisent le meilleur sel, parce que le sol est sablonneux, tandis que, dans les environs de Trapani, il est partie sablonneux, partie crayeux ou terreux, de manière que le sel est d'une qualité inégale, selon que le terrain contient plus ou moins de parties étrangères au sable. C'est à Agosta, dans la Saline grande, que le sel est le meilleur et le plus blanc. Ses grains sont plus forts et moins chargés de parties terreuses; aussi est-il le plus recherché.

Le prix du sel varie selon l'abondance des produits

et leur ancienneté. Les sels nouveaux se vendent moins cher que ceux qui ont été exposés longtemps aux effets dépuratifs de la pluie.

Ces derniers se livrent à 12 tarins[1] la salme; les nouveaux varient de 8 à 10 tarins; il s'ensuit que le kilogr. de sel revient en moyenne à 1 centime dans le commerce en gros.

Le nombre des ouvriers occupés aux salines de Trapani et de Marsala pendant les travaux préparatoires est d'environ 300. Quand on relève le sel et qu'on le charge à bord des bâtiments, le nombre peut s'en élever à 800.

Le nombre des ouvriers employés aux salines d'Agosta s'élève en tout à environ 90.

L'exportation des sels de Marsala et de Trapani a lieu généralement dans les États du nord de l'Europe et de l'Amérique. L'exportation des sels d'Agosta a lieu habituellement pour la mer Noire, la mer Adriatique, l'Albanie, le Brésil et la Norwége. Les produits de la Saline grande sont généralement conservés pour l'Albanie et aussi pour la consommation de la partie orientale de la Sicile. Les exportations à l'étranger s'élèvent annuellement à un chiffre de 27,500 hectolitres.

Soufre. — De nombreuses et riches mines de soufre existent tout le long de la chaîne des Apennins, il s'en fait des exploitations importantes dans les montagnes de la Césénate et de l'Urbinate.

La Sicile, la plus riche des contrées italiennes, compte une quantité extraordinaire de mines activement exploi-

---

1. Le tarin représente à peu près 44 c.

tées. L'augmentation de l'industrie chimique, à partir de 1635, a quintuplé, pour le moins, la consommation du soufre brut, qu'on peut dire presque exclusivement fourni au marché européen par la Sicile, a acquis une grande importance. Cette île seule en expédie depuis très-longtemps, chaque année, 160,000 tonneaux. La valeur d'une pareille exportation, calculée aux ports d'embarquement, peut être évaluée à une moyenne de 18 millions de francs.

Gisements sulfureux. — Les soufres de Sicile qui se répandent sur tout le globe sont très-connus; aucune contrée n'en fournit avec la même abondance.

La nature présente le soufre utilisable pour l'industrie sous trois formes :

1° Dans les pyrites, à l'état de sulfure, combiné avec le fer, le cuivre et d'autres métaux.

2° Dans les émanations vaporeuses des volcans en ignition, ainsi que dans ceux non tout à fait éteints, où se trouve une abondante source de soufre presque pur qui se condense en croûtes épaisses sur les parois et dans les crevasses des volcans.

3° Dans le soufre natif renfermé entre deux bancs de calcaire, de marne et de plâtre. C'est le troisième mode de gisement le plus étendu, et il forme la véritable richesse soufrière du sol de l'Italie et principalement de la Sicile, qui possède un grand nombre de soufrières parfaitement administrées, donnant d'excellents produits et occupant un personnel considérable de travailleurs. Le soufre des mines siciliennes est d'une grande pureté, il s'expédie pour l'étranger.

Les points principaux d'embarquement sont : Girgenti,

Licata, Catane, Palerme, Terranuova et Siciliana. Jusqu'à ce jour, il n'y a pas en Europe de mines de soufre natif rapprochées de la mer, pouvant entrer en rivalité avec les mines de la Sicile. Le trafic déjà si actif de cette île, avec l'Angleterre, la France et d'autres nations, pays d'où s'importent des produits manufacturés, ainsi que l'usage de faire servir le soufre chargé en vrac comme lest utile pour les bâtiments de retour ou de passage, ou chargeant des produits légers, offrent, dans beaucoup de cas, une exiguïté exceptionnelle de fret. Tous ces faits ne peuvent que développer et accroître ce commerce.

Romagnes. — Les mines de soufre exploitées dans les Romagnes sont au nombre de dix à douze. Les huit principales appartiennent à la Société bolonaise; ce sont : Perticara, Marezzano et Montecchio, dans les provinces de Pesaro et d'Urbin (Marche), qui produisent ensemble environ 40,000 quintaux annuels de soufre raffiné; et celles de Formignano, de Luzzena, Fosso, Busca et Montemauro, dans la province de Forli, produisant ensemble de 30 à 35,000 quintaux.

Le personnel employé à divers travaux intérieurs et extérieurs est d'environ 1,200 individus payés à forfait.

Le soufre de ces mines est quelque peu teinté de bitume, il est raffiné à Perticara et à Rimini. Livré en petits pains ou en petits bâtons au commerce, il atteint une moyenne annuelle de vente de 80,000 quintaux.

Il s'en débite dans les provinces voisines de la Toscane et de la Lombardie. Le prix de vente du soufre rendu sur les bâtiments est de 19, 21 et 25 fr. le quintal, selon la qualité et la situation du marché.

La France importe une grande quantité de soufre de ces mines.

Fer et cuivre de l'île d'Elbe. — Les minerais de cuivre et de fer de l'île d'Elbe forment les produits les plus remarquables de la Toscane. Sur le versant de l'île se trouvent des gisements de fer d'une grande richesse. Sur le versant oriental de cette île, il y a cinq grands centres d'exploitation, qui sont les mines de Rio-Marino, Vigueria, Rio-Albano, Terra-Neva et Calamita. La quantité du minerai extraite annuellement de chacune de ces localités est estimée :

```
Pour Rio-Marino, à................   278,000 quintaux.
  — Vigneria, à...................     4,400
  — Rio Albano, à................      3,700
  — Terra-Neva, à...............       3,600
  — Calamita, à..................      3,000
                                      _______
Ce qui donne un total de...........   291,700
```

Les fers ne sont pas travaillés dans l'île même; ils sont employés dans les hauts fourneaux en France, en Angleterre et en Italie.

Mine de Rio. — La mine de Rio (île d'Elbe), dont la production peut être dite inépuisable, et dont le minerai est d'une richesse et d'une facilité de fusion incomparables, fut cédée, en 1815, à la Toscane par le duc de Piombino. L'écoulement du minerai a lieu principalement pour la France, par contrats à livrer, et la répartition s'en fait entre la Corse, Marseille et les usines de l'Aveyron. La fonte de première fusion est principalement aussi expédiée en France, elle est employée chez nous à faire la tôle, le fil de fer et l'acier.

La Toscane continentale possède en outre de nombreux gisements de fer; mais aucun de ces gisements ne peut soutenir la concurrence de l'île d'Elbe.

Cuivre. — Le cuivre est très-abondant en Toscane dans les trois espèces suivantes de terrains : 1° serpentine et gubbio-rouge; 2° quartz; 3° porphyre et amphibole.

C'est dans le premier de ces terrains que se trouve la mine de Monte-Catini, du val de Cecina, dont la prospérité ne cesse d'être en progrès. Une grande partie de ce produit s'expédie pour la France.

Fers de Lombardie. — Le gouvernement italien, pour encourager l'industrie métallurgique nationale et pourvoir aux besoins de la marine, a invité les principaux établissements de fonderie du pays à s'occuper de la fabrication des plaques en fer ou en acier pour les navires cuirassés. Ce fer est très-propre à la fabrication des canons de fusil et des armes, la main-d'œuvre y est moins élevée qu'en Angleterre, en Belgique et en France.

EXPLOITATION DES MARBRES DE CARRARE ET DE MASSA
(DUCHÉ DE MODÈNE).

Le nombre des carrières de marbre ouvertes dans ces deux localités s'établit ainsi :

Marbres	de Carrare......................	583
	de Massa......................	80
		663

Sur ce nombre, il y a 51 carrières de marbres dits de

première qualité, dont 45 à Carrare. L'extraction annuelle varie sensiblement selon la richesse des couches exploitées; cependant on peut l'évaluer en moyenne à 563,800 quintaux métriques, savoir :

Carrare........................	510,000 quint. mét.
Massa.........................	53,800
Total.....................	563,800

Le prix des marbres bruts varie considérablement, en raison de la qualité et de la dimension des blocs. Le nombre des ouvriers ou artisans employés au travail et au transport des marbres, tant à Carrare qu'à Massa, s'élève à 3,744, savoir :

Extraction..................	1,830	
Équarrissage de blocs........	604	3,012
Transports.................	753	
Travail des marbres.................		732
Total.....................		3,744

Le nombre des chantiers où se fait le travail est de 126, savoir : 105 à Carrare et 21 à Massa. L'exportation de ces marbres porte sur la France, la Belgique, l'Angleterre et l'Amérique.

Terrains à quartz. — Ces sortes de terrains règnent presque exclusivement sur un parcours d'environ 40 kilomètres autour de Massa-Maritima (Massa-Metallifera des anciens). Des exploitations très-importantes furent faites dès le commencement du moyen âge, ainsi que l'attestent un grand nombre d'anciens puits. Massa était le centre des travaux. Il n'existe dans les terrains à quartz qu'une seule exploitation en activité, c'est celle de Cappane Vecchia.

Cette mine possède pour annexes de grands établissements de fusion.

Plomb argentifère. — La seule exploitation productive est celle de Bottino.

PRODUITS MANUFACTURÉS DE L'ITALIE

La laine, l'huile, le tabac, le liége donnent lieu à des exportations dont l'importance pourrait s'accroître. Il se fait un grand commerce de soie avec la France et l'Angleterre. On fabrique des étoffes de laine grossières à Spoleto, Foligno, Cerni, Matelica, Pérouse, Fossombrone, Gubio, Sant-Angelo, Invado, Alatro, etc. Pérouse, Fossombrone, Camérino, Fano et Pesaro fabriquent des rubans; Pergola, des tapis imités de ceux d'Angleterre.

Pérouse, Bologne, Ancône et Foligno possèdent des fabriques de bonnes bougies. On tisse dans les ateliers, les écoles publiques et les asiles, des câbles et cordages d'une qualité supérieure exportés généralement pour les îles Ioniennes et pour la Grèce.

Les papeteries de Fabriano, qui datent de 1864, fournissent d'excellents produits fort estimés et qui s'écoulent facilement; il existe également une grande manufacture de mêmes produits établie à Fibreno dans la province de Naples.

SARDAIGNE.

Les relations de la France avec la Sardaigne sont très-actives. Les articles d'importation de la France reposent sur les cuirs, peaux tannées, les esprits et eaux-de-vie, quincaillerie, verrerie, cristaux, sucres bruts, café, drogueries et épiceries.

L'exportation pour la France repose sur les chiffons, le corail, les peaux brutes, le thon salé et mariné, fèves, légumes, orge et fromages.

La tannerie forme la branche la plus importante de l'industrie de la Sardaigne. On y compte un grand nombre d'établissements de ce genre, préparant annuellement près de 600,000 kilog. de cuirs, et produisant plus d'un million en valeur.

Il existe une manufacture de tabac, une fabrique de savon, des filatures de laine, de coton, de tissus de laine, de rubans et de filoselle, des teintureries.

Port-Maurice. — La principale ressource du port consiste dans les huiles. Les importations se composent de chiffons pour engrais. Tous ces produits s'exportent pour la France.

Son industrie repose sur quelques fabriques de savon, de vermicelle et d'autres pâtes, des tanneries, des fabriques de cotonnade et de bougies, ainsi que 13 fours à briques en pleine prospérité.

TOSCANE.

Les principales industries de la Toscane se composent de filatures de soie, de laine, de coton, de lin ; de fabriques de chapeaux de paille, de chapeaux de feutre et autres, de savon, de chandelles et bougies, de porcelaines et poteries, de cordages, et aussi de tanneries et corroieries, de papeteries, de verreries, de teintureries.

Ces diverses industries occupent environ 28,000 ouvriers.

Soies. — On les exporte presque exclusivement pour la France et la Lombardie, où elles sont tissées et filées. Les soies lombardes sont très-estimées dans le commerce; on en expédie pour la France, l'Angleterre, l'Allemagne, la Suisse et la Russie.

Laines. — Ce commerce a aujourd'hui beaucoup moins d'importance qu'il n'en avait autrefois, cependant il est en voie progressive.

Les tissus de laine des fabriques de Stia et de Prato, particulièrement les casimirs, les draps lisses, les draps sans envers, peuvent soutenir en Toscane la concurrence étrangère.

Viandes salées. — La saison en Toscane pour ce genre de commerce dure du commencement de novembre à la fin de mars. La chair du porc fait la base de ce négoce, le bœuf ne se salant que par suite de commissions spéciales peu fréquentes. La plupart des porcs employés par cette industrie proviennent de Maremmes, où ils vivent presque à l'état sauvage, dans les bois, et aussi des environs de la Romagne, où l'on s'occupe beaucoup de leur élevage. Le principal marché est à Florence. L'exportation se dirige sur l'Angleterre, la France et l'Algérie. On l'évalue approximativement à 2 millions de francs par an, et la consommation du pays à 8 millions. Ce commerce est, depuis quelques années, en voie d'augmentation. Il se fait une exportation active de porcs vivants pour Marseille.

Livourne. — Livourne, qui, longtemps avant la prédominance de la navigation à vapeur, fut le principal marché d'échanges des produits levantins et occidentaux, a conservé, de cet ancien commerce, source de sa prospérité, l'entrepôt des plumes d'autruche. Ces plumes sont tirées d'Égypte, de Tripoli et d'Alep. Elles sont exportées pour la France et l'Angleterre.

Les plumes blanches, supérieures aux plumes noires, se vendent au poids, à l'exception d'une première qualité superfine qui se vend par assortiments. Les prix varient, pour les plumes blanches ordinaires, de 150 à 300 fr. les 500 grammes, et pour les noires de 30 à 35 fr. Ce genre d'affaires nécessite des connaissances spéciales et une pratique très-sûre, car il est facile d'être trompé sur la qualité des plumes lorsqu'on les achète à l'état brut.

Les maisons qui font ce commerce à Livourne y réalisent de beaux bénéfices. Les plumes de marabout proviennent de Calcutta, celles de vautour et de héron viennent du Brésil.

Les oiseaux de paradis proviennent des Indes.

Verrerie. — Il existe à Livourne deux fabriques de bouteilles et de fiaschi (flacons garnis de paille tressée jusqu'aux deux tiers de leur hauteur). L'une date de 25 ans, l'autre est de plus récente origine; elles ne travaillent que 7 mois de l'année.

Cuirs et vêtements confectionnés. — Le commerce des cuirs a une grande importance, on y abat par an 6,000 veaux et bœufs, dont les peaux, d'une qualité supérieure et représentant une valeur de 403,200 fr., sont préparées et tannées pour la consommation du pays, qu'elles défrayent avec les provenances de Buenos-Ayres, de Calcutta, de Tunis et de l'Algérie. Les prix varient pour les peaux toscanes de 39 fr. 50 à 46 fr. 50 les 100 kilogr. Un autre commerce important est celui des vêtements confectionnés de toute sorte, dont l'exportation est active pour Constantinople. Les maisons qui sont à la tête de ce commerce emploient des draps français, prussiens, belges et anglais, c'est-à-dire d'Elbeuf, Sedan, Aix-la-Chapelle, Eupen, Verviers, Bradford, Huddersfield et Leeds.

Chapeaux de paille. — C'est un commerce exclusivement toscan, et qui, suivant toute apparence, restera longtemps encore. La nature semble, en effet, avoir réservé à la Toscane le privilége de produire la matière première employée par cette industrie; du moins est-il certain que les tentatives faites en d'autres pays pour récolter la nature de paille qu'emploie l'industrie toscane, sont jusqu'ici restées sans résultat. Les femmes de la campagne (et c'est là leur travail le plus général et le plus lucratif) la forment en tresses étroites; avec ces tresses réunies et cousues ensemble dans les fabriques, on confectionne les chapeaux de paille et les objets de fantaisie, tels que pantoufles. porte-cigares, paniers, coussins, corbeilles. Les spécimens en ce genre présentés à l'exhibition, et destinés à celle de Paris, soutenaient l'antique réputation de la Toscane.

Il est rare qu'une famille de cultivateurs, propriétaires ou fermiers, ne compte pas parmi ses membres quelques femmes ou quelques jeunes filles habiles à tresser la paille. Cette industrie fait vivre à peu près un quart de la population de la Toscane, et l'exportation de cette paille, tant brute qu'ouvrée, s'élève annuellement à un chiffre très-important.

La paille à chapeaux provient du grain de blé ou de seigle qui ne donne qu'un épi bas et grêle[1]. Il en existe de six à sept espèces différentes, dont on forme des gerbes contenant chacune exactement la quantité nécessaire pour un chapeau.

Ces gerbes valent, suivant le brin et la qualité, de 2 fr. 52 c. à 25 fr. 20 c. Les prix des chapeaux varient de 3 fr. 36 c. à 336 fr., et s'élèvent parfois, lorsque le travail et la finesse sont exceptionnels, jusqu'à 1,300 fr. à 1,700 fr.

SICILE.

Les industries principales consistent en fabriques de draps, de soieries, de toiles, de coton, de chapeaux, de couteaux, de rubans, de boutons de métal, de tapis de laine, de bonneterie, des papeteries, de faïence et en peaux d'agneaux pour la ganterie, qui sont expédiées en grande partie en France.

La Sicile tire de la France les articles de modes, les tissus de soie, beaucoup de draps et de cotonnade, et la

1. La paille de froment et de seigle, récoltée dans les environs de Florence et dans le val d'Arno est préférée.

majeure partie des quincailleries, orfévrerie, porcelaines, livres, vins, etc.; elle exporte chez nous du chanvre, des laines, des peaux, du suif, et particulièrement de la soie, tant pour la consommation française que pour la réexportation par Marseille, soit par transit par les ports de l'Océan; outre ces articles, il faut citer les fabriques d'huiles, qui expédient en grande quantité pour Marseille. Elle fait aussi un grand commerce d'exportation avec les puissances étrangères, principalement avec l'Angleterre, la France, l'Autriche, les États-Unis d'Amérique.

Articles divers. — La quincaillerie, la mercerie, les tabacs, la parfumerie, les cristaux, les faïences, les porcelaines, les métaux, la bijouterie, donnent à la Sicile des affaires importantes dans les villes de Palerme, Messine, Catane et Trapani. Les huiles essentielles de bergamote.

MESSINE ET CATANE.

Articles divers.—Laines, cuirs secs et salés, draps, toiles.

Les fabriques de soies, de rubans, de cotonnade, les tanneries, ont de l'importance, non-seulement par la quantité et la valeur de leurs produits, mais encore par le nombre de bras qu'elles emploient.

Les Messinais se sont depuis longtemps appliqués à la fabrication des cuirs; leurs tanneries sont bonnes; il se fabrique de gros cuirs, de petits cuirs, de grandes et petites peaux de veau. On fait des tissus de soie, des étoffes de damas pour les églises, ainsi que quelques tissus pour foulards et fichus de soie, et d'autres servant pour parapluies, ombrelles, etc.

La ville de Catane s'est depuis longtemps fait remarquer par ses tissus de soie; ils sont très-brillants et fort recherchés. On fait des étoffes de soie brochées pour gilets et meubles, dont le prix est de 11 fr. 50 c. à 13 fr. 60 c. le mètre.

Des soies brutes sont employées pour la fabrication des franges, galons, glands. Un grand nombre de métiers sont destinés à filer et à tordre la soie servant à la fabrication des tissus. Ces métiers occupent beaucoup de femmes et de jeunes filles.

La ville de Catane possède aussi des manufactures de tissus de coton qui approvisionnent le pays. Les prix de ces cotons sont fort modérés. On fabrique aussi des velours de soie et coton; une trentaine de métiers sont consacrés à ces tissus, dont la première qualité se vend à raison de 10 fr. le mètre. Il existe également en cette ville quelques tanneries, mais peu importantes, et dont les produits sont moins estimés que ceux de Messine.

Ambre. — Le travail de l'ambre jaune est une industrie toute spéciale à la ville de Catane. On en recueille beaucoup sur le littoral sicilien, et de nombreux ateliers ont été formés pour travailler cette substance résineuse. Les ouvriers catanais savent lui donner mille formes différentes, et en général les étrangers qui visitent Catane en rapportent différents objets formés de cette matière, tels que bouts de pipe, porte-cigares, tabatières, croix, boutons, chapelets, bracelets, boucles d'oreilles, colliers, flacons, pommes de canne et autres menus objets que recherchent toujours les voyageurs et qu'ils peuvent se procurer à bon marché. L'ambre présente beaucoup de variétés de nuances, depuis le jaune le plus pâle jusqu'à l'ocre foncée; il offre des teintes très-tranchées, qui donnent aux ouvriers les moyens de mettre dans les objets travaillés des contrastes propres à les rendre plus précieux et plus recherchés.

LES DEUX-SICILES.

Une importante manufacture de soieries à San-Luccio, près Caserte, et beaucoup d'autres petites fabriques de soieries.

Fabriques d'indiennes, auxquelles se rattachent des filatures et tissages de coton. Il y en a une à Piedimonte et deux importantes à Salerne.

Il y a également de nombreuses manufactures de draps exploitées par des Napolitains; elles sont en prospérité; elles n'emploient que des laines indigènes. Elles sont situées à Salerne, et surtout dans les Abruzzes.

Les papeteries sont considérables et en prospérité; les plus importantes sont à Sora. C'est à Naples, à Castellamare, en Calabre, qu'on trouve les tanneries; elles sont nombreuses et leurs produits sont recherchés.

Les os d'animaux, les essences de citrons.

Depuis plusieurs années, le ministère de la marine, en France, fait fabriquer à Palerme, pour le service de la flotte, 40,000 litres de jus de citron mélangé d'alcool, à raison de 85 c., qui lui sont fournis, rendus dans l'arsenal de Toulon, au prix de 88 c. le litre.

DE L'INDUSTRIE DU CORAIL.

Cette industrie a une immense importance.

Près de mille mains sont occupées tous les ans à la pêche

du corail ; vingt établissements ont été créés à Naples, Trapani, Livourne et Gênes pour la mise en œuvre de ce produit.

L'exploitation du corail se divise en deux industries bien distinctes :

La pêche et la taille.

Tous les ans, au mois de mars, des matelots partent de Livourne et se dirigent, les uns sur les côtes de l'Afrique française, les autres vers le littoral de la Sardaigne ; d'autres vers l'île d'Elbe et Lantignano, port situé aux environs de Livourne. Au mois de novembre, la pêche du corail est terminée, et les marins qui s'y livrent rentrent au port.

Il y a trois espèces de corail :

1° Le corail rose, dont la valeur, à l'état brut, s'élève parfois jusqu'à 500 fr. le kilogramme.

2° Le corail pâle, qui vaut la moitié du rouge et du rose, selon les teintes et la qualité.

Les coraux sont vendus à Livourne et dans les autres ports de l'Italie. Il est des tailleries qui consomment annuellement 500 kilogrammes de matière brute, donnant environ les deux tiers de ce poids en corail travaillé.

La préparation faite, les bijoux sont classés par catégories et expédiés à leurs diverses destinations.

Pour les Indes anglaises : Calcutta, Madras.

Pour la Pologne : Brodi, Cracovie.

Pour la Prusse, la Hollande et la France.

Des opérations de consignations se font pour diverses maisons de Livourne, qui expédient pour la Russie, l'Asie Mineure, le Maroc et la Chine.

L'Italie en fait un grand commerce de détail.

SITUATION DES ARTICLES FRANÇAIS FABRIQUÉS SUR LES MARCHÉS D'ITALIE, ET EN PARTICULIER SUR CELUI DE LIVOURNE.

Mousselines. — Les articles de Tarare sont préférés aux mousselines de Suisse, et surtout à celles d'Angleterre.

Articles de teinturerie. — Ils sont très-demandés.

Casimirs d'Elbeuf. — Ils sont très-recherchés depuis que les vêtements de fil pour hommes ne sont plus en usage.

Soieries. — Les belles qualités viennent de Lyon.

Cuirs. — Nos cuirs pour chaussures, nos veaux cirés, etc., sont très-estimés, difficiles à vendre, à cause du prix.

Blanc de zinc. — Les nôtres ont un grand débit, ce qui facilite la vente de nos couleurs.

Couleurs et papiers de tenture. — Les couleurs trouvent en Italie un emploi considérable. Tous les murs des maisons sont peints, quelquefois en dehors et toujours à l'intérieur; ce n'est partout que fresques, etc.

Pour ces peintures de décor, comme pour la sculpture courante, les Italiens sont réellement supérieurs.

Papiers à écrire, à dessiner, etc. — Ils viennent principalement de nos fabriques d'Angoulême, d'Annonay, de

Rives. Les chiffons sont très-bien préparés en Toscane et très-recherchés.

Quincaillerie. — Nos articles de quincaillerie sont préférés dans les belles qualités à ceux des autres puissances.

Orfévrerie, bijouterie. — La bijouterie fine, comme la petite orfévrerie fine, est seule en usage à Livourne; il en est autrement des bijoux faux et de l'argenterie Ruolz. Pas de moyen terme : ceux qui ne peuvent avoir de bel et bon or ou argent prennent des matières grossières qui ne l'imitent pas.

EXPORTATIONS ET IMPORTATIONS

EXPORTATIONS DE FRANCE.

Tissus, passementerie et rubans de laine, tissus, passementerie et rubans de soie, tissus, passementerie et rubans de coton, sucre raffiné, soie et bourre de soie, armes et munitions de guerre, outils et ouvrages en métaux, mercerie et boutons, orfévrerie et bijouterie, huiles de toute sorte, vins ordinaires, peaux préparées et ouvrages en peau et en cuir, machines et mécaniques, poteries, verres et cristaux, fer, fonte et acier, poils de toute sorte, laines et déchets de laine, café, papier, cartons, livres et gravures, eaux-de-vie, esprits et liqueurs, vêtements et pièces de lingerie, peaux brutes et pelleteries, chapeaux de paille, horlogerie, œufs de vers à soie, plomb, cuivre, toile de lin ou chanvre, fromages, bois communs, bêtes de somme, céréales (grains), céréales (farines), parfumeries, chlorure de chaux, médicaments composés, sucre brut, cochenille, acide stéarique ouvré, tabac fabriqué ou seulement préparé, articles divers de l'industrie parisienne, or, indigo, chapeaux de feutre, citrons, oranges et leurs variétés, orseille, instruments de musique, garance moulue, cire jaune et brune non ouvrée, bitume, nitrate de potasse, zinc, ouvrages en caoutchouc, sulfate de quinine, amurca et grignon, mélasse, coutellerie, corail brut, légumes secs et leurs farines, morues, essences de térébenthine, autres articles.

1855	147.549.851
1856	191.509.741
1857	193.562.745
1858	203.279.925
1859	248.229.422
1860	254.509.505
1861	283.899.533
1862	274.640.404

IMPORTATIONS EN FRANCE.

Soie et bourre de soie, cendres et regrets d'orfévre, chapeaux de paille, bestiaux, huile d'olive, céréales (grains), soufre non épuré, riz en grains, plomb, garance en racines sèches, bois communs, nattes ou tresses de paille, d'écorce et de sparte, œufs de vers à soie, chanvre, peaux brutes et pelleteries, poils de toute sorte, fer (minerai), huiles volatiles ou essences, graines oléagineuses, corail taillé non monté, vêtements et pièces de lingerie, œufs de volaille et de gibier, citrons, oranges et leurs variétés, tissus, passementerie et rubans de coton, sumac et fustet, tissus, passementerie et rubans de laine, fruits oléagineux, fruits de table secs ou tapés, vins, gibier, volailles et tortues, tabac en feuilles ou en côtes, bijouterie d'or, légumes secs et leurs farines, graisses de toute sorte, laines en masse, tissus, passementerie et rubans de soie, plumes de parure, marbre blanc, autre que statuaire, graines à ensemencer, objets de collection, marrons, châtaignes et leurs farines, jus de citron naturel, coton en laine, viandes fraîches et salées, garancine (extrait de garance), céréales (farines), ouvrages en bois, indigo, fromages, toiles de lin et de chanvre, beurre frais ou fondu, pierre ponce, potasse, acide borique, livres en langues étrangères, ouvrages en fer, chevaux, pierres taillées à aiguiser.

	Valeurs actuelles.
1855	184.416.698
1856	245.203.754
1857	196.786.446
1858	188.720.057
1859	167.693.123
1860	205.287.063
1861	203.441.014
1862	226.428.973

TRAITÉS DE COMMERCE, COMMUNICATIONS, RÉFORMES INTÉRIEURES, STATISTIQUE.

Traités de commerce. — Plusieurs conventions et traités de commerce ont été conclus depuis quelques années entre la France et l'Italie. La convention littéraire et artistique du 29 juin 1862 et le traité du 17 janvier 1864 doivent, par leur importance, être placés au premier rang.

La convention du 29 juin 1862 garantit aux auteurs de livres, de brochures ou autres écrits, de compositions musicales, d'œuvres de dessin, de peinture, de sculpture, de gravure, de lithographie et de toutes autres productions analogues au domaine littéraire ou artistique, les avantages qui sont ou seront attribués par la loi, dans chacun des deux États, à la propriété des ouvrages de littérature ou d'art.

Le traité du 24 janvier 1864 vient aussi d'apporter une heureuse et importante réforme par l'abaissement des tarifs douaniers, réforme qui favorisera puissamment l'extension des relations commerciales des deux États par les avantages réciproques qu'il leur offre.

Chemins de fer. — De nombreuses lignes de chemins de fer sillonnent l'Italie. Outre les grandes compagnies autorisées par le gouvernement pour la construction des voies ferrées principales, un grand nombre de sociétés particulières se sont formées, et, par leur importance croissante, elles sont un témoignage des progrès de l'industrie italienne.

En 1862, le nombre des compagnies ayant reçu l'approbation du roi s'élevait à trente-sept, dont trente et une d'assurance, de crédit, etc., avaient déjà réalisé un capital de 276,007,190 fr.

Les principales lignes actuellement en exploitation sont les suivantes : celle de Milan à Foggia, qui passe par les villes de Plaisance, de Parme, de Modène, de Bologne, de Forli, d'Ancône ; — celle de Turin à Plaisance, qui passe par Alexandrie ; — de Milan à Vérone, passant par Bergame et Brescia ; — de Naples à la frontière des États pontificaux, et qui se prolonge ensuite jusqu'à Rome.

D'autres lignes relient entre elles les villes de Milan à Novare, de Novare à Alexandrie, d'Alexandrie à Gênes ; — d'Alexandrie à Pavie ; — de Pavie à Milan ; — de Milan à Crémone ; — de Florence à Pistoie, de Pistoie à Lucques, de Lucques à Pise, de Pise à Livourne ;—de Pise à Sienne. Quelques-unes de ces lignes ont une très-grande importance. Celle d'Ancône à Bologne, qui fut inaugurée en 1861, est appelée à opérer un changement radical dans les directions diverses que prenaient jusqu'à ce jour les produits du commerce et de l'industrie. Cette ligne de Bologne à Ancône achève, en effet, le réseau italien qui met en communication directe l'Adriatique avec la Méditerranée. Ce sera sans doute par Mâcon, Culoy, le mont Cenis, Turin, Alexandrie, Bologne et Ancône, que passera la ligne des Indes. Le port d'Ancône permettra aux navires de déverser les produits de ces contrées lointaines sur la ligne romaine.

Beaucoup de voies nouvelles sont en construction ou concédées à des compagnies. Parmi les plus considérables dont les travaux ont été déjà commencés, il faut compter les lignes de Salerne à Foggia, d'Ancône à Rome, de Sienne à Rome, de Pistoie à Bologne, de la frontière française à Pise en longeant le golfe de Gênes, de Novare à la frontière suisse.

Un chemin de fer doit être aussi construit de Reggio à Tarente en longeant les côtes de la Méditerranée, et en Sicile, de Syracuse à Messine. Ces lignes ont été concédées à des compagnies par le gouvernement.

C'est ainsi que le réseau des chemins de fer italiens se complète chaque jour, et, grâce aux généreux efforts du gouvernement, les travaux s'effectuent avec la plus grande rapidité. Pour n'en donner qu'un exemple, on peut citer la ligne de Castel-Bolonèse à Ravenne. Les travaux du chemin de fer étaient à peine commencés au mois de mars de l'année 1863, et le 23 août de la même année il a pu être inauguré. Toutes les gares et stations de la ligne ont été terminées dans le court espace de cinq mois.

Paquebots. — La Compagnie des paquebots à vapeur italiens fait un service hebdomadaire d'Ancône à Gênes et de Gênes à Marseille, en touchant à Manfredonia, Bari, Corfou, Brindes, Messine, Naples et Livourne. — A Ancône, une communication régulière est établie avec la Grèce, l'Orient et l'Égypte.

Service postal entre Ancône et Messine. — Inauguré le 25 octobre 1861, ce service, qui s'arrêtait d'abord à Brindisi, a été continué jusqu'à Messine, en touchant à Manfredonia, Bari-Bundisi, Gallipoli et Crotone. Trois fois par mois, les 2, 12 et 22, les bateaux à vapeur quittent Ancône et relient le nord de l'Italie avec la Sicile et les bateaux de la correspondance de Naples. Déjà les divers points de la côte commencent à recevoir et à expédier des marchandises par cette voie, que prennent également les voyageurs. Cette ligne procure, en outre, au gouvernement italien de grandes facilités pour le transport des troupes et du matériel; et, depuis son ouverture, les nouvelles du littoral sud de l'Adriatique arrivent régulièrement à Ancône. Cette ligne est appelée à rendre de grands services.

MARINE MARCHANDE.

MOUVEMENT de la Navigation des Navires français et étrangers, à vapeur et à voiles.

ENTRÉE							SORTIE					
CHARGÉS			SUR LEST				CHARGÉS			SUR LEST		
Navires.	Tonnage.	Équipages.	Navires.	Tonnage.	Équipages.		Navires.	Tonnage.	Équipages.	Navires.	Tonnage.	Équipages.
2.692	269.972	29.608	450	36.571	1.324	1855	2.162	224.627	25.917	412	30.803	2.868
3.464	395.752	39.398	421	34.677	5.852	1856	2.458	268.458	29.280	1.900	163.659	11.417
3.169	740.769	38.195	326	26.577	2.451	1857	2.398	292.356	30.812	997	109.164	8.192
3.301	373.315	30.382	381	24.519	2.633	1858	2.987	343.788	33.388	634	72.490	6.038
4.050	494.103	46.942	689	72.827	30.775	1859	4.298	579.450	55.702	601	72.463	5.624
3.431	366.634	35.045	478	16.967	3.323	1860	3.001	348.906	33.308	834	66.077	6.058
4.190	413.145	40.635	886	40.381	6.092	1861	3.412	316.928	34.459	1.469	115.368	10.789
4.251	455.641	45.930	1.072	50.902	7.763	1862	3.404	558.815	38.408	1.758	144.933	14.021

RÉFORMES INTÉRIEURES.

Chambres de commerce et des arts. — Par un décret du 6 juillet 1862, des chambres de commerce et des arts ont été instituées dans tout le royaume pour représenter auprès du gouvernement et soutenir les intérêts commerciaux et industriels. Les anciennes chambres ont été réorganisées, de nouvelles ont été créées avec juridiction sur toute la province où elles résident.

Fondations d'écoles navales. — Le conseil municipal de Livourne a voté, en décembre 1861, les fonds nécessaires à la création d'une école navale préparatoire, où les jeunes gens, qui se destinent à la marine militaire ou marchande, pourront acquérir les connaissances qu'exige le service sur mer. Après avoir suivi les cours de cette institution, ils seront admis au collége militaire de la marine à Gênes, ou recevront le diplôme de capitaine au long cours. De semblables écoles sont établies dans chaque arrondissement maritime.

Poids et mesures. — Par un décret royal du 27 juillet 1862, à partir du 1er janvier 1863, le système métrique décimal devait seul être autorisé, pour les poids et mesures, dans les provinces napolitaines et siciliennes. — L'adoption du système métrique est une des plus belles réformes parmi celles dont l'Italie a été récemment dotée, et la substitution de ce système si simple aux complications des anciens, débarrasse le commerce d'une foule d'entraves inutiles.

STATISTIQUE.

La statistique du nouveau royaume d'Italie, qui a paru pour la première fois à Turin en 1862, donne, comme population, 21,728,529 habitants, dont 7,106,696 pour l'ancien Piémont et la Lombardie ; 3,522,904 pour l'Émilie, les Marches et l'Ombrie ; 1,815,243 pour la Toscane, et 9,283,686 pour le royaume de Naples. Les villes au-dessus de 100,000 habitants sont : Naples, 417,000 ; Milan, avec Corpi-Santi, 220,000 ; Palerme, 186,000, Turin, 180,000 ; Gênes, 120,000 ; Florence, 115,000. En outre, Messine possède 94,080 âmes ; Livourne, 80,000, et Bologne, 75,000.

FIN

TABLE DES MATIÈRES

Paris. — Imprimerie P.-A. BOURDIER et Cᵉ rue Mazarine, 30.